¿Qué es la Estatua de la Libertad?

Joan Holub

Ilustraciones de John Hinderliter

loqueleo

SANTILLANA USA

A las grandes ideas.
J.H.

Mantén siempre la curiosidad. Gracias, papá.
J.H.

loqueleo

Título original: *What Is the Statue of Liberty?*
© Del texto: 2014, Joan Holub
© De las ilustraciones: 2014, Penguin Group (USA) LLC.
Todos los derechos reservados.

Publicado en español con la autorización de Grosset & Dunlap, un sello de Penguin
Young Readers Group, una división de Penguin Random House LLC.
Who HQ™ y todos los logos relacionados son marcas registradas de Penguin
Random House LLC.

© De esta edición:
2016, Santillana USA Publishing Company, Inc.
2023 NW 84th Avenue
Miami, FL 33122, USA
www.loqueleo.santillana.com

Dirección editorial: Isabel C. Mendoza
Traducción: Eduardo Noriega
Coordinación de montaje: Claudia Baca
Servicios editoriales de Cambridge BrickHouse, Inc.
www.cambridgebh.com

Loqueleo es un sello de **Santillana**. Estas son sus sedes:
ARGENTINA, BOLIVIA, BRASIL, CHILE, COLOMBIA, COSTA RICA, ECUADOR, EL SALVADOR,
ESPAÑA, ESTADOS UNIDOS, GUATEMALA, MÉXICO, PANAMÁ, PARAGUAY, PERÚ, PORTUGAL,
PUERTO RICO, REPÚBLICA DOMINICANA, URUGUAY y VENEZUELA

¿Qué es la Estatua de la Libertad?
ISBN: 978-1-631-13404-3

Published in the United States of America
Printed in Colombia by Editora Géminis S.A.S.

25 24 23 22 21 20 19 18   2 3 4 5 6 7 8 9 10

Índice

¿Qué es la Estatua de la Libertad?

En julio de 1976, todos los pueblos y ciudades a lo largo de Estados Unidos celebraron el doscientos aniversario de la Declaración de Independencia. Hubo fuegos artificiales, desfiles y discursos patrióticos en Nueva York, ciudad donde se encuentra el imponente símbolo de la libertad del país: ¡La Estatua de la Libertad!

El verdadero nombre de la estatua es *La libertad ilumina al mundo*, pero generalmente se le conoce como la Dama de la Libertad o la Estatua de la Libertad. Es inmensa: mide 151 pies y 1 pulgada, más o menos la altura de una torre conformada por treinta y cinco niños de once años, parados uno sobre la cabeza de otro.

Está hecha de cobre, y en su interior solo contiene un esqueleto de metal que soporta la estructura y unas escaleras que permiten a los visitantes subir hasta la corona. Cada año, aproximadamente 4 millones de personas visitan la Estatua de la Libertad y la isla Ellis.

Al igual que la bandera estadounidense, la estatua aparece en afiches del ejército y en estampillas de correo. Su antorcha está dibujada en los billetes de diez dólares. Su imagen ha sido usada en publicidad para vender de todo, desde jabones hasta hamburguesas. Incluso ha participado en películas como *El planeta de los simios*, *El Día de la Independencia* y *Supermán II*.

Desde 1886, la estatua ha representado un símbolo de esperanza para los inmigrantes que llegan a Estados Unidos. Millones de personas de otros países llegaron a finales del siglo XIX y durante el XX. La mayoría eran europeos muy pobres que cruzaron el océano Atlántico en buques de vapor. Casi todos esos barcos atracaban en la bahía de Nueva York y el primer punto de referencia que veían era la Estatua de la Libertad. Vitoreaban y, algunas veces, lloraban de alegría porque al fin habían llegado a Estados Unidos, la tierra de la libertad, donde anhelaban comenzar una vida nueva y mejor.

Durante la Primera y la Segunda Guerras Mundiales, los soldados estadounidenses de todo el país abordaban en la ciudad de Nueva York los barcos que los trasladarían a los campos de batalla en Europa. Al zarpar, pasaban frente a la estatua. Esto inspiró sentimientos patrióticos en muchos de ellos. Al regresar de la guerra, la estatua estaba allí, dándoles la bienvenida.

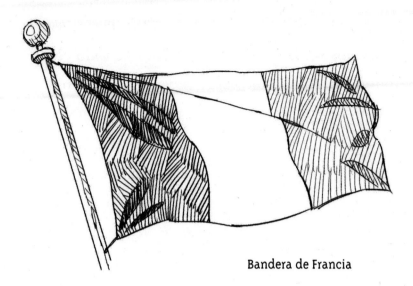

Bandera de Francia

Curiosamente, la Estatua de la Libertad no fue una idea estadounidense sino un regalo del pueblo francés. Un profesor de ese país propuso la idea. Un escultor francés diseñó la estatua y un ingeniero francés diseñó su estructura interior. Al principio, los estadounidenses no estaban muy seguros de aceptarla. Algunos sospechaban de las intenciones que pudiesen haber detrás del regalo y ¡casi le dijeron que no a Francia!

Capítulo 1
La gran idea

Todo comenzó en 1865 durante una cena en las afueras de París, Francia. Al menos eso es lo que dice la leyenda que fue impresa veinte años después en un folleto de recaudación de fondos para la Estatua de la Libertad. La cena fue en casa del profesor de leyes Edouard de Laboulaye, un experto en la historia de Estados Unidos. El profesor había escrito libros sobre la forma estadounidense de gobernar. Opinaba que todos los países deberían ser como Estados Unidos, libres de elegir a sus propios gobernantes.

Admiraba al presidente Abraham Lincoln por haber abolido la esclavitud y reunificado a todos los estados después de la Guerra Civil que acababa de terminar. Esto demostraba la fuerza de un gobierno democrático e, incluso, su eficacia durante épocas turbulentas.

Así como las trece colonias norteamericanas se habían sublevado contra el rey de Inglaterra, la población de Francia se rebeló contra su rey. La Revolución Francesa comenzó en 1789, tan solo trece años después de que las trece colonias proclamaran su independencia. Pero a diferencia de la Guerra de Independencia de EE.UU., la Revolución Francesa terminó siendo un desastre. En vez de convertirse en un país libre, Francia comenzó a ser gobernado por una serie de emperadores cuya palabra era ley. Los franceses que decían algo en contra del gobierno se metían en grandes problemas.

Laboulaye quería pronunciarse a favor de las libertades políticas, pero necesitaba hacerlo de una forma que no lo pusiera en peligro. No dejaba de soñar en lo que pasaría si Francia le regalaba a Estados Unidos un asombroso monumento que homenajeara la libertad.

Uno de los invitados a la cena de Laboulaye fue el escultor Frédéric-Auguste Bartholdi, a quien le

gustaban las obras de grandes dimensiones. Estaba impresionado con las pirámides y la Esfinge
de Egipto, gigantescos monumentos antiguos que
había visto en uno de sus viajes. No le interesaba
la política de Estados Unidos como a Laboulaye,
pero le encantó su idea de la estatua y se ofreció a
esculpirla.

La Revolución Francesa

En 1783, el rey Luis XVI de Francia ayudó a los colonos norteamericanos a independizarse de Inglaterra. La guerra le costó mucho dinero a Francia. A su esposa, la reina María Antonieta, le gustaba comprar trajes elegantes y joyas, y hacer grandes fiestas. Mientras el rey y la reina gastaban las riquezas del país a su antojo, la gente pobre se moría de hambre. La Revolución Francesa comenzó el 14 de julio de 1789 cuando ciudadanos de París asaltaron la Prisión de la Bastilla y robaron armas para pelear contra el rey y su gobierno.

Los revolucionarios franceses se reunieron y redactaron su propia Declaración de Independencia, la cual llamaron la Declaración de los Derechos del Hombre y el Ciudadano. Pronto, las batallas se tornaron violentas y sangrientas. En 1793, el rey y la reina fueron decapitados en la guillotina. El francés común consideraba a las personas ricas y poderosas como enemigos.

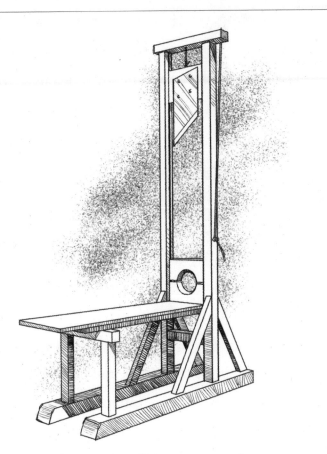

Más de diecisiete mil políticos, terratenientes y pro-
pietarios de negocios fueron llevados a juicio y ejecuta-
dos. Muchos fueron decapitados. Un general del ejército
francés llamado Napoleón Bonaparte ascendió al poder en
1799 y la Revolución finalizó.

Evidentemente, Bartholdi y Laboulaye sabían que semejante estatua podía llevarlos a la cárcel. Podrían ser detenidos por la policía secreta del emperador Napoleón III. Guardaron la idea pero no la olvidaron.

Entretanto, Bartholdi viajó a Egipto por segunda vez, en 1869. Quería diseñar un faro para la entrada del recién construido Canal de Suez, el cual conectó los mares Mediterráneo y Rojo. No sería un faro tradicional, sino una estatua con forma de mujer. La estatua se llamaría *Egipto lleva la luz a Asia*. Además de iluminar el camino a los barcos, simbolizaría a Egipto guiando el camino hacia nuevas ideas.

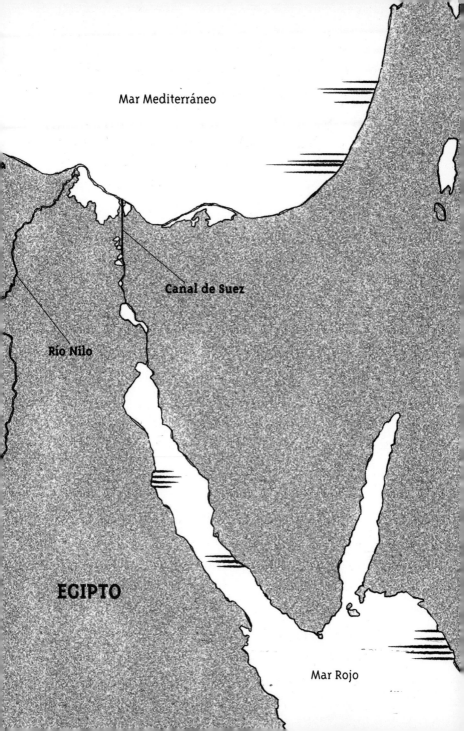

Rápidamente, Bartholdi hizo bocetos y maquetas de la estatua. Al mandatario egipcio le gustó el proyecto pero ese país no tenía el dinero para construirlo. Muchos historiadores creen que Bartholdi concibió la Estatua de la Libertad basándose en las ideas que tuvo para diseñar el faro del Canal de Suez. Nunca explicó por qué ambas obras reproducen a una mujer vestida con ropa antigua, ni por qué ambas llevan una corona y sostienen una antorcha en la mano.

En 1870, Napoleón III ya no gobernaba y Laboulaye tenía la esperanza de que una democracia se
estableciera en Francia. Al regalarle a Estados Unidos una estatua en honor a la libertad, los franceses
podrían inspirarse para buscar un gobierno liberal,
elegido por ellos mismos. Laboulaye sabía que se
necesitaría mucho dinero para construir una estatua gigante. ¿Sus compatriotas creerían que valía la
pena?

¿Y qué pensarían los estadounidenses de esta
idea? ¿Estarían de acuerdo en aceptar la estatua?
¿Le destinarían un terreno adecuado para exhibirla?
Bartholdi decidió buscar las respuestas.

Laboulaye y Bartholdi

Laboulaye nació el 18 de enero de 1811, en París, Francia. No solo era un experto en historia de Estados Unidos, sino que también dictó la primera clase sobre la Constitución de este país en una universidad francesa. Creía que todos tenían el derecho de ser libres y, probablemente, estaría feliz de saber que hoy en día los franceses pueden elegir libremente a sus líderes políticos.

Bartholdi nació el 2 de agosto de 1834 en Colmar, Francia, en el seno de una familia próspera. Su padre murió cuando él tenía dos años de edad y su familia se mudó a París. Su madre lo alentó a estudiar arte.

Aunque Laboulaye creó la idea de la Estatua de la Libertad, fue Bartholdi quien se hizo famoso mundialmente por hacerla. Su segunda escultura más conocida es el León de Belfort, una pieza de 72 pies de largo hecha de arenisca. Está en la ciudad de Belfort, Francia, a unas 45 millas de donde Bertholdi nació.

Capítulo 2
La isla de Bedloe

En junio de 1871, Bartholdi partió a Estados Unidos para encontrarse con personas importantes que Laboulaye conocía. Eran ricos y políticos, el tipo de personas que podían lograr que cosas grandes se construyeran, como su estatua. Mientras el barco entraba a la bahía de Nueva York, vio la isla de Bedloe y su fuerte en forma de estrella.

NUEVA JERSEY

Manhattan

Río Hudson

Río Este

Isla Ellis

Isla de Bedloe

Isla del Gobernador

Brooklyn

Bahía de Nueva York

Este era el lugar perfecto para la estatua de sus sueños. Levantada frente al puerto de la ciudad más grande de Estados Unidos, millones de personas la verían. Esta ubicación sería muchísimo mejor que un puerto más pequeño, un parque o la plaza de una ciudad. Bartholdi se fue emocionando cada vez más. No había pisado suelo estadounidense aún y ¡ya había encontrado un hogar para su estatua!

El presidente
Ulysses S. Grant

Frédéric-Auguste
Bartholdi

Bartholdi pasó los meses siguientes visitando a amigos de Laboulaye por todo el país. Todos le dieron una cordial bienvenida. Conoció al poeta Henry Wadsworth Longfellow y a Brigham Young, líder de la iglesia Mormona. Cuando se reunió con el presidente Ulysses S. Grant, le preguntó si se podía construir la estatua en la isla de Bedloe, pero no acordaron nada definitivo. Bartholdi les habló a todos sobre la estatua. Era un hombre encantador y un buen vendedor que agradaba a todo el mundo; pero eso no quería decir que a todos les fuera a gustar la idea. Parecía descabellada, como un sueño imposible de realizar. A pesar de ello, su visita hizo que los estadounidenses hablaran sobre su estatua.

Bartholdi regresó a Francia más entusiasmado que nunca. No dejaba de pensar en la isla de Bedloe. Antes de viajar, había dibujado algunos bocetos de la estatua. Incluso, construyó representaciones a pequeña escala en terracota, un tipo de arcilla que se usa en alfarería. Estas se parecían mucho a las del faro del Suez.

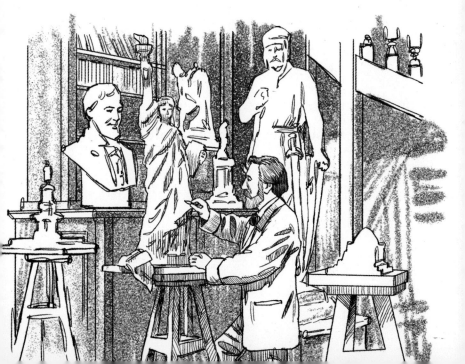

De hecho, su plan era que esta nueva estatua de la libertad también fuese un faro. Pensaba que quizás esta utilidad podría resultarle atractiva a los estadounidenses. Al principio, no estaba seguro si la luz debía provenir de la corona o de la antorcha, pero ahora que había encontrado el lugar perfecto para la estatua, era la hora de terminar de diseñarla.

Estudió cómo otros artistas habían pintado figuras y escenas representando la idea de la libertad. Examinó monedas milenarias impresas con el rostro de la diosa romana Libertas. Leyó sobre una famosa

estatua antigua, llamada el Coloso de Rodas, y libros sobre los monumentos egipcios que tanto admiraba.

Después pasó algunos meses creando más modelos en arcilla. Si lograba mostrarle a la gente cómo quedaría la estatua exactamente, era posible que se entusiasmaran con el proyecto tanto como él.

El Coloso de Rodas

En la antigüedad, los turistas corrían la voz sobre los extraordinarios lugares que habían visitado. Los más famosos llegaron a ser conocidos como "Las siete maravillas del mundo antiguo". Una de ellas fue una estructura de casi 100 pies de altura, en la isla griega de Rodas. Era un coloso, o una estatua muy alta, que fue diseñada asemejando a Helios, el dios griego del sol. Estaba hecho de hierro y bronce, y sus piernas se rellenaron con piedras para darle sustento. Posiblemente, sostenía una antorcha o una lámpara en una mano y una lanza en la otra. Estaba colocado a la entrada de un puerto y algunos dibujos antiguos lo muestran parado con las piernas bien abiertas, de manera que los barcos podían pasar entre ellas navegando. Un terremoto lo destruyó en el año 226 a. C., por lo que hoy día nadie está seguro de cómo lucía exactamente.

Capítulo 3
El diseño de la estatua

Stola

Palla

El diseño final que a Bartholdi le gustó más mostraba a la Libertad como una mujer vestida de diosa romana, con una túnica larga con mangas, conocida como *stola*. Sobre esta, usaba una manta llamada *palla* la cual estaba sujeta al hombro izquierdo con un broche. Calzaba sandalias.

El brazo derecho de la estatua está alzado y sostiene una antorcha.

La corona tiene siete rayos puntiagudos que representan los siete continentes y los siete mares. El peinado era al estilo del siglo XIX. A medida que construía más modelos, el rostro lucía más decidido y severo. Aunque se parecía mucho al rostro de su madre, Bartholdi nunca lo llegó a admitir del todo.

Charlotte
Bartholdi

En algunos de los modelos, la estatua sostenía en su mano izquierda una cadena y un grillete rotos que representaban la libertad. Sin embargo, a

Bartholdi le preocupó que la mirada del público se dirigiera hacia la cadena, más que hacia algún otro punto, por lo que decidió colocar estos elementos a los pies de la estatua. El talón del pie derecho está

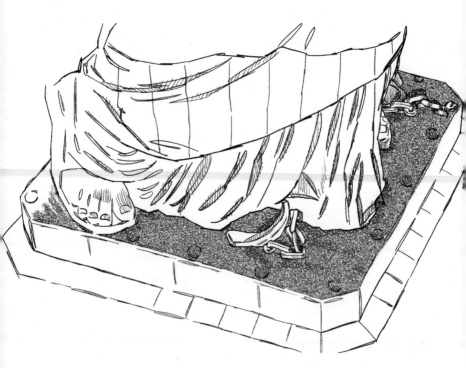

levantado como si la estatua estuviese dejando las cadenas rotas para dirigirse hacia la libertad. En su mano izquierda lleva una placa que tiene tallada en números romanos la fecha de la Independencia de Estados Unidos: 4 de julio de 1776.

Los modelos que Bartholdi hacía eran cada vez más grandes. En su opinión, el mejor fue uno que creó a comienzos de 1875 y que a Laboulaye también le gustó. Medía unos 4.5 pies de alto y estaba hecho de yeso. Este fue el modelo en el que se basó la estatua definitiva. Ampliar el modelo hasta llegar a 151 pies de altura no iba a ser tarea fácil. Requeriría miles de mediciones muy cuidadosas y cálculos matemáticos exactos. También, la participación de carpinteros, obreros metalúrgicos y otros artesanos a los que habría que pagarles.

Para recaudar dinero, Laboulaye formó un comité llamado la Unión Francoamericana, el cual aprobó el diseño de Bartholdi.

El 6 de noviembre de 1875, se realizó una lujosa cena cerca del famoso Museo del Louvre, en París, para doscientos invitados adinerados. Allí se develó el modelo de la estatua que Bartholdi hizo en yeso. Los presentes se entusiasmaron tanto al verla que donaron unos 25,000 dólares. Pero construir la estatua iba a costar diez veces más.

Para que la gente donase más dinero se necesitaba una gran campaña de publicidad. En 1876, Estados Unidos cumpliría 100 años, y para festejarlo el país celebraría la Feria Mundial por primera vez. Tendría lugar en Filadelfia, ciudad donde se firmó la Declaración de Independencia.

No había suficiente tiempo o dinero para construir toda la Estatua de la Libertad y exhibirla en la feria. Sin embargo, a Bartholdi y a Laboulaye se les ocurrió la brillante idea de completar una de sus partes y mostrarla en Filadelfia.

Decidieron hacer la mano con la antorcha; pero ¿podrían incluso terminar a tiempo esa sola sección?

Capítulo 4
La mano con la antorcha

Bartholdi decidió trabajar con Gaget, Gauthier & Cie, una compañía parisina que contaba con un taller de metalurgia. La mayoría de las estatuas se hacían de bronce, mármol o piedra. Siguiendo el consejo de su exprofesor, Eugène Viollet-le-Duc, Bartholdi decidió hacerla de cobre. Este metal era más barato y más ligero. Es fácil de martillar y no se rompe al doblarse. Construiría la estatua como un caparazón de cobre e inventaría una estructura de apoyo que luego colocaría adentro.

Para comenzar, los obreros duplicaron el tamaño del modelo favorito de Bartholdi para hacerle una copia en yeso que midió 9.5 pies de alto. Después, construyeron un modelo aún más alto que midió 38 pies. Al multiplicarlo por cuatro, lograrían nuevamente ampliar la estatua a su tamaño definitivo

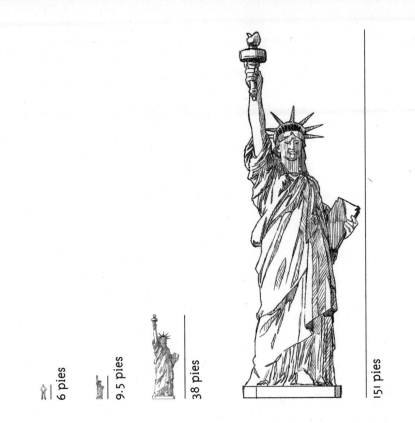

6 pies

9.5 pies

38 pies

151 pies

de más de 151 pies de altura. Pero no había manera de acomodar una estatua de semejante tamaño en el taller.

Entonces decidieron cortar el modelo de yeso de 38 pies en ocho secciones horizontales que parecían las capas de una torta. Después midieron cada sección por separado con la ayuda de reglas, compases y cuerdas que colgaban desde lo alto hasta varios puntos de su superficie. Usando estas medidas, agrandaron cada capa a su tamaño final; después las unirían.

La primera tarea era hacer la mano con la antorcha en su tamaño definitivo. Los carpinteros construyeron muchos moldes de madera alrededor de esta sección del modelo de yeso. Los fabricaron de manera que se ajustaran perfectamente a ella y, cuando lograban obtener la forma exacta, los retiraban.

Después, calentaron grandes láminas de cobre

en un horno o con simples sopletes para que se ablandaran. El cobre era de apenas 0.1 pulgada de grosor, o el equivalente a dos monedas de un centavo una sobre la otra. Los obreros presionaban una lámina de cobre dentro de cada molde de madera, y *¡pum!* la martillaban con cuidado, de manera que se doblase y curvease hasta adquirir la misma forma del molde. A este proceso se le llama *repoussé*, una palabra francesa que significa repujado. Se usaron veintiuna láminas de cobre para hacer la mano con

la antorcha. Para hacer toda la Estatua de la Libertad, se iban a necesitar ¡más de trescientas!

La fecha de inauguración de la feria de Filadelfia
se acercaba. En el taller se escuchó durante meses el
fuerte ruido de veinte hombres trabajando siete días
a la semana, golpeando con martillos. Aun así, la
sección de la mano con la antorcha no se concluyó
a tiempo y esto contrarió mucho a Bartholdi. Muy
a su pesar, en mayo de 1876 zarpó a Estados Unidos
sin ninguna pieza de la estatua. Esperaba que la que
se estaba construyendo llegase poco después de la
ceremonia de inauguración.

Para la feria de Filadelfia, se construyeron dos-
cientas edificaciones temporales entre las que se
contaba una sala de exposiciones cuyas paredes eran
de vidrio. Era el edificio más grande del mundo en
esa época: cubría 21 acres. En el medio de la sala
se exhibían objetos de Estados Unidos, rodeados
por muestras de otros países. Había meteoritos,
herramientas y obras de arte de indígenas norteamericanos, así como animales exóticos como una
morsa y un oso polar disecados. Se exhibió un nuevo

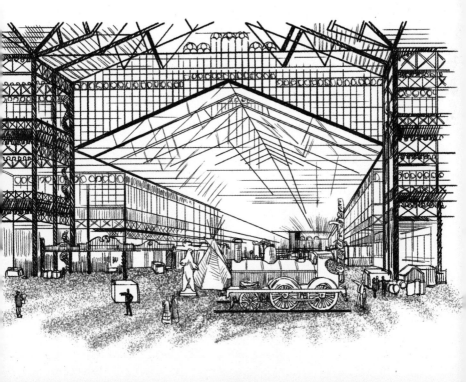

invento llamado teléfono. ¡La gente nunca había visto un espectáculo tan fantástico! Unos 10 millones de personas visitaron la feria, lo que equivalía a un quinto de toda la población de Estados Unidos en la década de 1870.

En cuanto a la mano con la antorcha, no llegó sino hasta agosto. Los visitantes pagaron cincuenta centavos para subir por una escalera ubicada dentro del antebrazo. Solo se permitían entre doce y quince personas paradas en el balcón que le da la vuelta a la antorcha. Esta pieza de la estatua tenía la altura de un edificio de tres pisos y las uñas median 10 por 13 pulgadas. En la base de la antorcha había una pintura que mostraba cómo luciría toda la estatua una vez terminada.

Los visitantes deben haberse quedado asombrados, imaginando lo inmensa que sería la estatua cuando estuviese lista. ¡La exposición de Bartholdi fue todo un éxito!

Capítulo 5
La cabeza

Cuando la feria de Filadelfia finalizó el 10 de noviembre de 1876, la mano con la antorcha fue llevada a la ciudad de Nueva York donde se exhibió por más de cinco años en el Madison Square Park. Entretanto, se seguía construyendo el resto de la estatua en París.

En 1877, el Congreso de EE. UU. votó a favor de aceptar la estatua como un regalo de Francia y eligió la isla de Bedloe como el lugar donde se colocaría. También se acordó construir una base sólida donde asentarla, a la que llamaron el pedestal de la Libertad. Esto seguramente fue un gran alivio para Bartholdi, ya que su estatua ahora tenía un hogar oficial en Estados Unidos.

El equipo de Bartholdi terminó la cabeza de la estatua a tiempo para la Exposición Universal de París, en 1878. La montaron en una gran carreta

llena de paja y ramas pequeñas que le servían de colchón. Trece caballos fuertes halaron la carreta a través de París, hasta los terrenos de la feria.

La cabeza de la estatua fue exhibida en los jardines de un palacio que fue construido especialmente para la feria. Los visitantes podían subir hasta el tope de la cabeza dando una donación que se destinaba al fondo para la construcción de la estatua. Dentro cabían entre treinta y cuarenta personas paradas, que podían mirar a través de la fila de veinticinco ventanas dispuestas en la corona. La nariz medía 4.5 pies de largo y el ancho de cada ojo medía 2.5 pies. ¡Ver todo esto debe haber sido una experiencia emocionante!

En 1879, el comité de recaudación de fondos para la estatua ya disponía de la mitad del dinero que se necesitaba. Bartholdi trabajó duro para recaudar aún más. Explicó a los empresarios franceses que su estatua seguro se convertiría en un gran símbolo estadounidense, y los convenció de que pagaran dinero por usar la imagen en sus productos.

Se realizaron loterías donde la gente podía ganar dinero y premios. Hubo eventos de caridad, como óperas, cuya recaudación de taquilla se destinaba al fondo. También se vendieron pequeñas copias de la estatua como recuerdo; algunas autografiadas por el mismo Bartholdi. En julio de 1880, el comité ya había recaudado 400,000 francos en total, o sea unos 250,000 dólares de esa época, ¡una cantidad suficiente!

En el taller de París, unos cuarenta hombres continuaron trabajando en las ocho secciones de la estatua. Cada una de ellas medía 12 pies de altura y 30 de ancho. Con la cantidad de cobre que se empleó se hubieran fabricado ¡treinta millones de monedas de un centavo!

Las estatuas más altas del mundo

La estatua más alta del mundo es el Buda del Templo de la Primavera en Henan, China, que mide 420 pies.

Hay otras tres estatuas que podrían elevarse a mayor altura, algún día. Se espera que la Estatua de la Unidad en Gujarat, India, mida 597 pies de alto. En una montaña de roca de los montes Black Hills en Dakota del Sur, Estados Unidos, se está tallando el Monumento a Caballo Loco, de 563 pies. La estatua del parque Garuda Wisnu Kencana, localizado en Bali, Indonesia, tendrá una altura de 479 pies.

Capítulo 6
El esqueleto de la estatua

Aunque todo iba muy bien, quedaba un problema por resolver. Hasta ese momento, Bartholdi había utilizado armazones de madera temporales, como soporte, dentro de cada una de las secciones de la estatua. Pero sabía que este tipo de estructura no sería lo suficientemente fuerte para sostener la enorme obra cuando estuviese completa.

Había llegado el momento de contratar a un ingeniero para que creara una estructura de apoyo que cupiese dentro de la estatua y la sostuviese. Bartholdi se decidió por Eugène Viollet-Le-Duc, que opinaba que la mejor estrategia sería sostenerla con un peso. Sugirió rellenarla desde las caderas hasta los pies con grandes y pesadas cajas de arena. Probablemente, esta idea no hubiese funcionado. Pero en cualquier caso, Viollet-Le-Duc murió antes de poder probarla.

Luego, Bartholdi buscó la ayuda de Gustave Eiffel quien, tiempo después, hizo en París la famosa Torre Eiffel. Él ya era famoso por construir puentes ferroviarios con vigas de hierro cuando la costumbre era construirlos de piedra. Eiffel había descubierto que los puentes hechos con vigas de hierro aguantaban más peso que la piedra; una idea totalmente novedosa para la época. Decidió que el caparazón de cobre de Bartholdi debía permanecer hueco, excepto por un fuerte esqueleto de hierro escondido en su interior. Este funcionaría de manera similar al esqueleto humano.

La Torre Eiffel

En 1889, año del primer centenario de la Revolución Francesa, Gustavo Eiffel construyó la Torre Eiffel, de 985 pies de alto, para la Exposición Universal de París. Consiste de una armazón abierta de vigas de hierro, al estilo de los puentes que había construido, y cuenta con ascensores que llevan a los visitantes a los diferentes niveles. En total, se usaron 7,300 toneladas de hierro, 70 toneladas de pintura y 2.5 millones de remaches, ocho veces más que los que se emplearon en la Estatua de la Libertad.

La gente nunca había visto algo así y, al comienzo, se burlaban de la obra. Algunos opinaron que lucía como un poste de luz gigante o como una extraña máquina para hacer ejercicios. Durante la exposición, 10,000 luces decoraron la estructura de hierro. De noche se veía hermosa y romántica. Dos millones de visitantes fueron a verla, incluyendo a Buffalo Bill y Thomas Edison. Hoy día, cerca de 7 millones de turistas la visitan anualmente.

En 1909, estuvieron a punto de tumbarla pero, tras un cambio de planes, la convirtieron en una torre de radio. La torre es considerada una obra maestra. Fue el edificio más alto del mundo hasta 1931, año en que se terminó de construir en Nueva York el Empire State, un rascacielos de 1,250 pies de altura.

Mientras en el interior del taller de París se hacían las cubiertas de cobre para cada sección, en el patio exterior se comenzó a construir la estructura de apoyo en hierro.

Primero, fabricaron una torre de hierro de 96 pies de altura, llamada pilón, que va desde los pies hasta el cuello. En cada una de sus cuatro esquinas hay una viga de hierro larga que se conecta con las otras gracias a una abrazadera en forma de una gran X. Sobre esta torre hay una armazón de hierro más pequeña, que se diseñó para la cabeza. A partir del hombro, formando un ángulo, hay otra larga estructura de apoyo en hierro para el brazo que sostiene la antorcha. En el centro del esqueleto se construyó una doble escalera de caracol, una de subida y otra de bajada, hasta y desde la cabeza. Otra escalera recta conduce hasta la antorcha.

Hay unas barras delgadas de hierro atornilladas entre sí por un lado a lo largo de todo el pilón, de modo que apuntan en dirección a la cubierta de cobre. Sus extremos están atornillados a varillas horizontales que se encuentran aseguradas a lo largo del interior de la cubierta de cobre de la estatua. Este tipo de sistema de conexión garantiza que ninguna lámina le haga peso a la que tiene debajo. Por el contrario, las barras delgadas de hierro transfieren el peso de cada lámina de vuelta a la torre. Pocos años después, se empleó este método para construir los primeros rascacielos.

Cuando toda la estructura de apoyo estuvo lista, los obreros comenzaron a añadirle las láminas de cobre moldeadas. Lo hicieron de los pies hacia arriba, pegándolas como si fuese una cobija de retazos que formaba la cubierta de la estatua. Para mantenerlas fijas, se emplearon en ese momento tornillos temporales que fueron reemplazados por remaches, una especie de clavos largos, cuando la estatua fue llevada a su ubicación definitiva en Nueva York. En julio de 1882, la estatua de Bartholdi ya estaba cubierta de cobre hasta la cintura.

Ocho meses antes habían elegido al arquitecto Richard Morris Hunt para diseñar el enorme pedestal sobre el cual colocarían la estatua en Nueva York.

Hunt era conocido por construir mansiones de familias adineradas como los Vanderbilt. Al igual que Bartholdi, Hunt pensaba en grande. Su primera idea fue un pedestal de granito sólido, de 114 pies de alto, que costaría unos 250,000 dólares. El comité estadounidense de recaudación de fondos solo disponía de una tercera parte de ese monto, así que rechazó la propuesta por considerarla demasiado costosa.

La mansión
Vanderbilt

Hunt rediseñó su pedestal reduciéndolo a 89 pies y proponiendo que se construyese de hormigón, cubierto con una capa de granito, para así reducir el costo.

Capítulo 7
El pedestal

Una vez que el comité de recaudación de fondos aprobó este nuevo diseño de Hunt, comenzaron las obras en la isla de Bedloe en 1883. Se excavó un inmenso hueco de 20 pies de profundidad dentro del Fuerte Wood, cuyas paredes forman una estrella de once puntas. Se rellenó de hormigón para crear un cimiento lo suficientemente fuerte para soportar el peso del pedestal y la estatua. En ese momento, fue la mayor cantidad de hormigón vertido jamás

en un solo lugar. Sobre este cimiento se comenzó a edificar el pedestal.

El comité de recaudación de fondos para el pedestal le pidió al Congreso de EE. UU. que aportara los 100,000 dólares adicionales que se necesitaban para completarlo. Votaron que no, por lo que el comité recurrió a otras ideas. Bartholdi escribió y vendió unos pequeños folletos titulados *La estatua de la Libertad ilumina el mundo*. También se vendieron pequeñas réplicas de la estatua como recuerdos; la miniatura de 6 pulgadas costaba un dólar y la versión de 12 pulgadas, cinco dólares.

Muchos de los miembros del comité estadounidense que supervisaba la construcción del pedestal eran hombres ricos pero no necesariamente generosos a la hora de aportar su propio dinero. Esto enfureció a Joseph Pulitzer, el editor del periódico de circulación nacional *The World*. En octubre de 1883, escribió que en Nueva York había más de cien millonarios tacaños que no echarían de menos los miserables 100,000 dólares que se

necesitaban para completar el pedestal. ¿Por qué no los donaron? Quizás porque no querían una estatua que homenajeara la igualdad entre todos los ciudadanos.

A finales de 1883, en un barco que zarpó de Estados Unidos se envió de vuelta a París la mano con la antorcha para que Bartholdi pudiera añadírsela a la estatua. A continuación, montaron la cabeza y, en

enero de 1884, se terminó todo el trabajo. Lamen-
tablemente, Edouard de Laboulaye había muerto en
mayo de 1883 y no tuvo la oportunidad de verla
terminada.

Ya lista, la Libertad permaneció un año en París
esperando a que terminaran el pedestal en Nueva
York. En agosto de 1884, un caricaturista dibujó
la estatua sentada, cansada de esperar. En Francia,
miles de personas visitaron la estatua, incluido el
famoso escritor Víctor Hugo. ¡Los franceses la iban
a extrañar!

Por fin, en enero de 1885, los obreros desmontaron la estatua nuevamente. Separaron todas las
piezas de cobre y de hierro y las empacaron en

214 cajones cuyo peso individual iba de unos cientos de libras hasta tres toneladas. Se le asignó un número a cada cajón para que se pudiese armar la estatua de manera organizada. La gente comenzaba a dudar de que el pedestal se terminara de construir y, sin este, la estatua no tendría donde asentarse.

Al comité estadounidense se le agotó el dinero, y en marzo de 1885 la construcción del pedestal en la isla de Bedloe se detuvo. Bartholdi se preocupó mucho al ver que en el último minuto su sueño parecía desintegrarse.

Pulitzer estaba decidido a enmendar la situación. Publicó artículos en su periódico alentando al ciudadano común a contribuir con el fondo para el pedestal. Escribió: "No esperemos a los millonarios... dona algo, aunque sea poco". Además, prometió imprimir el nombre de cada contribuyente con el monto de su aporte.

Su iniciativa arrancó con una donación de 1,000 dólares que él mismo le hizo al fondo. En la primera semana, llegaron a su oficina 2,000 dólares más, casi todo en monedas que no sumaban un dólar por persona. Los niños aportaron el dinero que habían ahorrado para ir al circo. Poco a poco, el fondo creció.

A la gente que donó le encantó ver sus nombres impresos en *The World*. ¡Eran famosos por un día! También fue una buena manera de publicitar el periódico de Pulitzer. Se vendían cientos de ejemplares adicionales a diario porque cada persona cuyo nombre aparecía impreso, quería uno como recuerdo.

Motivado por estas donaciones, Bartholdi decidió enviar todas las piezas de la estatua a Estados Unidos. Utilizó setenta vagones de tren para trasladar hasta el puerto de Rouen, Francia, los cajones que contenían las piezas. Allí los embarcaron rumbo a Nueva York, en un buque francés llamado *Isere*. Todo esto implicó un gran esfuerzo que, a la larga, resultó ser mucho menor que haber enviado la estatua totalmente armada. ¡Estatua a la vista!

Joseph Pulitzer

Joseph Pulitzer nació el 10 de abril de 1847 en Hungría, en el seno de una familia adinerada. A los diecisiete años de edad, emigró a Estados Unidos, donde se encontró solo y muy pobre. Aprendió a hablar inglés por su cuenta. Un pequeño periódico le publicó una historia que escribió sobre alguien que lo engañó por cinco dólares. Pronto comenzó a abrirse camino. Leía en la biblioteca y estudiaba leyes. Su gran oportunidad llegó cuando aconsejó cierta jugada de ajedrez en un juego que disputaban dos editores de periódicos en la biblioteca. Ellos le ayudaron a conseguir empleo como reportero. Para 1879, Pulitzer había comprado dos diarios que luego fusionó como el *St. Louis Post-Dispatch*.

Cuatro años más tarde, compró un periódico de mayor tamaño llamado *The New York World*, el cual estaba perdiendo dinero. Pulitzer le dio un vuelco al contratar a los mejores periodistas de Estados Unidos. Uno de ellos fue

Nellie Bly, una mujer que se hizo famosa por fingir un colapso nervioso para ingresar en el manicomio de mujeres en la isla de Blackwell y escribir reportajes sobre el trato tan espantoso que recibían las pacientes. Las ventas del periódico de Pulitzer aumentaron muchísimo.

Los Premios Pulitzer se llaman así en su honor. Se entregan cada año en las categorías de periodismo, literatura, música y teatro. Ganar un Pulitzer es algo muy importante.

Capítulo 8
Un hogar en Estados Unidos

El *Isere* llegó a la bahía de Nueva York el 17 de junio de 1885 y atracó en la isla de Bedloe dos días después. Miles de personas en embarcaciones y desde tierra lo recibieron vitoreando y ondeando banderas. Tardó varios días descargar los cajones, pero no había apuro ¡porque el pedestal no estaba listo!

Pronto lo estaría, gracias a la generosidad del ciudadano común estadounidense. En menos de cinco meses, unas 121,000 personas donaron 102,000 dólares en total. Pulitzer cumplió con su promesa de publicar el nombre de cada uno de ellos. La edición del 11 de agosto de su periódico mostró en primera plana un titular que anunciaba que la meta se había alcanzado. Se reinició la obra y el pedestal se terminó de construir en 1886.

Por fin se pudieron abrir los 214 cajones que contenían las piezas de la estatua. Lo primero que se hizo fue colocar la estructura de hierro de Eiffel sobre el pedestal y sujetarla profundamente al mismo. Llegó el momento de construir la estatua, aunque esto sería tan difícil como armar un rompecabezas. Algunos de los cajones no fueron marcados correctamente en Francia y algunas de las piezas de cobre y de hierro se habían doblado, por lo que se necesitaba remodelarlas.

Los obreros llamaron al primer remache que martillaron "Bartholdi" y al segundo, "Pulitzer". Trepaban la torre de hierro de Eiffel como si fuese una armazón de barras para juegos infantiles.

Se sentaban en los travesaños y en columpios de soga que colgaron de la torre. Usaron cuerdas y poleas para levantar las piezas de cobre y martillaron más de 300,000 remaches. Estos no se podían apreciar desde la distancia, ni tampoco las juntas en las que se unían las láminas de cobre.

A medida que aumentaba la altura de la estatua, los obreros accedían a su interior a través de la planta del pie derecho, la cual se dejó abierta con ese propósito. Con frecuencia, neoyorquinos y turistas tomaban pequeñas embarcaciones en la bahía para ver cómo progresaba la obra.

A los siete meses de haberse terminado el pedestal, la estatua finalmente quedó en su lugar, convirtiéndose en la estructura más alta construida por el hombre en todo Estados Unidos. El 28 de octubre de 1886 se declaró día feriado en la ciudad de Nueva York para homenajear a la estatua. ¡Fue como una fiesta de cumpleaños para la Libertad! El día era lluvioso pero eso no impidió a las multitudes ver un desfile de veinte mil personas por la Quinta Avenida durante la mañana. Más tarde, cientos de miles de personas se aglomeraron en el sur de Manhattan para mirar fijamente hacia la bahía, esperando a que develaran la estatua.

Autoridades francesas y estadounidenses navegaron hasta la isla de Bedloe para la ceremonia inaugural. A excepción de algunas mujeres parientes de los líderes franceses, todos los asistentes eran hombres, lo cual enfureció a quienes ya estaban molestos por la forma en que se trataba a las mujeres en EE. UU. Al fin y al cabo, la Estatua de la Libertad *era* una mujer que simbolizaba la libertad en un país donde ellas ni siquiera tenían derecho a votar. Un grupo de mujeres navegó hasta la isla para protestar y, una vez allí, les gritaron consignas a los políticos mientras estos daban sus discursos. Sin embargo, la celebración fue tan ruidosa que mucha gente no las escuchó.

Cuando la ceremonia comenzó, la atención de todo el mundo estaba centrada en la estatua. Una inmensa bandera de Francia, con sus franjas de color azul, blanco y rojo, se colgó sobre la cara de la estatua a manera de velo. Estaba planificado que Bartholdi la jalaría para clausurar en grande el evento. No era fácil ver la estatua, particularmente desde la orilla donde se encontraba la gran multitud. El cielo estaba nublado, había neblina y el vapor de los barcos en la bahía salía con fuerza y se mezclaba con la llovizna.

Bartholdi subió por las escaleras internas de la estatua hasta el balcón que rodea la antorcha a esperar una señal. Abajo, muy lejos de él, los políticos ofrecían discursos sobre el amor por Estados Unidos, la amistad y la libertad. Pronto sería el turno del presidente Grover Cleveland.

A continuación, ocurrieron cosas un poco confusas. Accidentalmente, alguien le dio la señal a Bartholdi en el momento equivocado. Antes de que el presidente diera su discurso, Bartholdi jaló la cuerda con la que se sujetaba la bandera francesa y esta cayó, dejando al descubierto el rostro de la Dama de la Libertad frente a la multitud que ovacionaba.

Los derechos de las mujeres

A finales del siglo XIX, las mujeres en Estados Unidos aún no tenían los mismos derechos que los hombres. Los sufragistas eran aquellos que exigían que las mujeres pudieran votar, que pudieran comprar propiedades y que las contrataran para realizar los mismos trabajos que los hombres. Susan B. Anthony, Elizabeth Cady Stanton, Sojourner Truth y otras personalidades dieron discursos para apoyar la causa. Amelia Bloomer usaba pantalones sueltos, o bombachos, en vez de las incómodas faldas del siglo XIX que llegaban hasta el piso. En 1869, Wyoming se convirtió en el primer territorio de EE. UU. en darles a las mujeres el derecho a votar. En 1920, se ratificó la Decimonovena Enmienda de la Constitución de Estados Unidos, que les dio a todas las ciudadanas ese derecho. En cuanto a Francia, cuna de la libertad, ¡las mujeres no pudieron votar hasta 1945! Todavía hay países en los que las mujeres no tienen los mismos derechos que los hombres.

Buques navales saludaron con disparos, navíos a vapor sonaron los silbatos, bandas de música comenzaron a tocar y los discursos continuaron a pesar del alboroto. La celebración prosiguió hasta bien entrada la noche.

Tomó veintiún años transformar una idea atractiva en una estatua real, de 151 pies de altura. Con mucho orgullo, Bartholdi declaró a los periodistas que había cumplido el sueño de su vida.

Capítulo 9
El nuevo Coloso

En 1883, Emma Lazarus escribió un poema de catorce versos, o soneto, que tituló "El nuevo Coloso". En esa época, si los judíos que vivían en Rusia no se iban del país, los mataban debido a su religión. A Lazarus le molestaba esta situación y comenzó a ayudar a los inmigrantes judíos que llegaban a

Estados Unidos. Los problemas de estos rusos judíos la inspiraron a escribir el poema. Lo donó a una subasta para recaudar fondos para el pedestal de la estatua.

Después de que Lazarus murió, en 1887, una amiga suya encontró accidentalmente una copia del poema impreso en un libro e hizo grabar el poema en una placa. Su contenido se refiere a las dificultades que enfrentaba la gente para llegar a Estados Unidos en busca de la libertad. ¡Qué mejor lugar para colgar la placa que la Estatua de la Libertad!

El poema de Lazarus se hizo famoso y la placa se encuentra hoy en día en el museo de la estatua. Estos son algunos versos del poema:

"Dadme vuestras cansadas, pobres,
hacinadas masas que ansían respirar libres;
los desechos de vuestras congestionadas costas.
Enviadme a los desposeídos,
*   azotados por la tormenta,*
¡alzo mi faro junto a la puerta dorada!".

Lazarus llamó a la Estatua de la Libertad "La madre de los exiliados", es decir, una figura materna que cuidaría de los inmigrantes cuando estos no tuviesen a dónde ir. La estatua no se construyó pensando en los inmigrantes pero, entre 1892 y 1954, más de doce millones de ellos llegaron a Estados Unidos en barcos que pasaron justo a su lado. Debido a su ubicación en la isla de Bedloe, parecía darles la bienvenida a los recién llegados a Estados Unidos, tierra de libertad. Los primeros inmigrantes escribían sobre la estatua en las cartas que enviaban a sus familiares. Algunos se han referido a ella como una diosa del recibimiento. La estatua se convirtió en una leyenda, y muchos inmigrantes y sus familias han escrito cartas de agradecimiento dirigidas a ella.

A pesar de la fama de la estatua, cuando Bartholdi murió, en 1904, muchos estadounidenses no habían visto ni siquiera una imagen de la Dama de la Libertad. No fue sino hasta que comenzó la Primera Guerra Mundial, en 1914, que el gobierno la empezó a usar en afiches patrióticos sobre la guerra.

Estos fueron colocados por todos lados, donde la población los podía ver. La Estatua de la Libertad no tardó en considerarse un importante símbolo estadounidense de la libertad.

¡HOLA! HABLA LA ESTATUA DE LA LIBERTAD. SE NECESITAN MILES DE MILLONES DE DÓLARES Y SE NECESITAN YA.

En 1924, la estatua de Bartholdi se convirtió, oficialmente, en monumento nacional. En 1956, la isla de Bedloe recibió el nombre de isla de la Libertad. A Bartholdi le hubiese hecho feliz esta noticia porque él siempre quiso este nombre.

Hoy en día, la única manera de llegar a la isla es por medio de un servicio especial de transbordador. A las embarcaciones privadas no se les permite atracar allí. También se puede realizar un recorrido virtual de la estatua en el portal de internet http://www.nps.gov/stli/photosmultimedia/virtualtour.htm.

La plataforma de observación que rodea toda la parte superior del pedestal es el punto más lejano al que uno puede llegar, a menos que se tenga un pase especial para acceder a la corona. Solo se permiten pasar entre diez y quince personas por turno. Desde las ventanas de la corona, se puede apreciar la mano derecha y la antorcha a corta distancia. Además, desde allí, la vista hacia la ciudad de Nueva York y la bahía es excelente. Ya no se permite subir a la antorcha.

En 1976, Estados Unidos celebró el bicentenario de su independencia. Hubo desfiles y fuegos artificiales en todas las ciudades del país. En Nueva York, barcos históricos de treinta y dos naciones navegaron en fila frente a la Estatua de la Libertad y ante los ojos de millones de personas que vieron el evento por televisión o desde las calles del sur de Manhattan. Muchos sintieron tristeza al ver que, a sus noventa años de inaugurada, la estatua estaba en muy mal estado.

Capítulo 10
Embelleciendo la estatua

En 1980, dos hombres escalaron ilegalmente la Estatua de la Libertad para colgar una bandera de protesta. Después que bajaron, algunos obreros subieron para inspeccionar si los manifestantes o sus herramientas de escalar habían causado algún daño. No apreciaron ninguno considerable, pero descubrieron que toda la estatua necesitaba reparaciones.

El color original de la estatua era el naranja-marrón que tienen las monedas de cobre de un centavo nuevas. El cobre no se oxida ni se corroe sino, más bien, se protege a sí mismo formando en su superficie una capa azul-verdosa conocida como pátina. La estatua adquirió este color permanente tras noventa años de exposición al tiempo, al salitre y al agua de mar. Pero ese no era el problema. Las vetas y manchas de excremento de pájaros y de

contaminación *eran* el problema. Hasta había nidos de aves en los pliegues de la túnica de la estatua. Las vigas de hierro que sostienen los paneles de cobre desde el interior habían acumulado óxido, y varias se habían desintegrado. Algunos remaches se habían caído. La estatua tenía un ojo fracturado y había perdido un pedazo del área del pelo. Uno de los rayos puntiagudos de la corona estaba suelto y se había doblado hasta llegar a tocar el brazo que sostiene la antorcha.

La antorcha también tenía serios problemas. Bartholdi creó la llama como un cascarón de cobre con la esperanza de que algún día la revistieran de oro. Sin embargo, a los estadounidenses se les había prometido que la estatua también sería un faro. Por eso, en 1886 le abrieron dos filas de orificios redondos a la llama esculpida y colocaron luces en su interior. Desafortunadamente, estas resultaron ser muy débiles para guiar a los barcos.

Treinta años después, durante la Primera Guerra Mundial, la estatua sufrió daños cuando soldados alemanes se colaron en el puerto de Nueva York e hicieron explotar toneladas de municiones.

Entonces se contrató al escultor Gutzon Borglum para reparar la antorcha. Años después, él se hizo famoso por esculpir los rostros de cuatro presidentes en el monte Rushmore. Borglum abrió unas 250 ventanas en ángulo,  en la llama de cobre, y les colocó paneles de vidrio amarillo-naranja. Esto no iba a ser suficiente para convertir la estatua en un faro útil, pero ya la gente había renunciado a esa idea en 1902.

De lo que nadie se dio cuenta fue de que este diseño de Borglum permitía que se filtrase agua a la antorcha. Durante años, el agua de lluvia se fue escurriendo hacia el interior logrando oxidar la estructura de hierro. En los puntos donde el cobre hace contacto con el hierro, ocurrió una reacción química que produjo aún más óxido. Eiffel había protegido estos metales para que no se tocasen, pero con el transcurso de los años esta protección se fue desgastando.

En la bahía de Nueva York se forman tormentas y los vientos pueden alcanzar una velocidad de cincuenta millas por hora. Cuando son muy fuertes, la estatua se mece 3 pulgadas, de lado a lado, y la antorcha se mece 6 pulgadas. Eiffel diseñó su estructura con la flexibilidad suficiente para permitir este movimiento. Cuando ocurren estos vientos o temperaturas extremas, las vigas delgadas de hierro que conectan el pilón al caparazón de cobre pueden doblarse ligeramente, sin llegar a romperse. Pero con la filtración de agua, la estructura de hierro se oxidó y se debilitó. El brazo que sostiene la antorcha se caería en cualquier momento si no se hacía nada al respecto, y rápidamente.

El monte Rushmore

En 1924, el historiador de Dakota del Sur Doane
Robinson, le pidió a Gutzon Borglum que tallara una escultura en los montes Black Hills, en su estado. Robinson
quería que fuese tan especial que atrajera grandes can-
tidades de turistas. Borglum decidió esculpir los rostros
de cuatro presidentes de Estados Unidos en una soleada
pared de granito del monte Rushmore. Escogió a los man-
datarios que consideró como los mejores representantes
de los primeros ciento cincuenta años de la historia de
Estados Unidos: George Washington, Thomas Jefferson,
Abraham Lincoln y Theodore Roosevelt. Después de que
el gobierno estadounidense acordó financiar el proyecto, Borglum y su equipo comenzaron a esculpirlo en
1927 usando dinamita, martillos, taladros, cinceles y
otras herramientas. Borglum murió apenas unos meses
antes de terminar la obra y, en 1941, su hijo la completó.
Las cuatro caras son enormes. La de George Washington

tiene la altura de un edificio de seis pisos. Su nariz es más alta que tres hombres montados uno sobre otro. El monte Rushmore es la mayor atracción turística de Dakota del Sur.

En 1981, un grupo de expertos hizo un plan para reparar, prácticamente, cada pulgada de la estatua. Alrededor de ella se construyó un andamio que llegaba hasta la antorcha. Los primeros obreros en subir se sintieron honrados de reparar este monumento histórico y besaron la estatua. Reemplazaron las vigas de hierro del esqueleto por unas de acero inoxidable. También instalaron nuevos sistemas de calefacción y enfriamiento, así como una escalera de caracol más moderna.

Con el paso de los años, muchos turistas habían escrito sus nombres en el interior de la estatua, así que se limpiaron las planchas de cobre y se les aplicó un revestimiento de protección. Sin embargo, se preservaron los grafitis hechos por los obreros que construyeron la estatua en 1886. En algún momento, alguien grabó un mensaje dentro del dedo gordo del pie de la estatua que dice: "A solas con Dios y con la estatua, día de Nochebuena". Uno de los remaches tiene una "B" que grabó el mismo Bartholdi.

Durante la restauración, los obreros descubrieron que cuando la estatua fue construida, le colocaron la cabeza y el brazo derecho a unas dieciocho pulgadas de distancia de su centro. Esto no fue parte del diseño original de Eiffel y debilitaba la estructura. Pero era muy tarde para pensar en cambios por lo que se decidió preservar la historia, manteniendo el error, pero sí hacer reparaciones y añadir más soporte.

La antorcha original estaba en tan mal estado que no tenía arreglo. La desmontaron y la colocaron en el vestíbulo del monumento, donde los visitantes la pueden apreciar. Usando la técnica de repujado, obreros metalúrgicos franceses hicieron una copia exacta de la antorcha original creando un

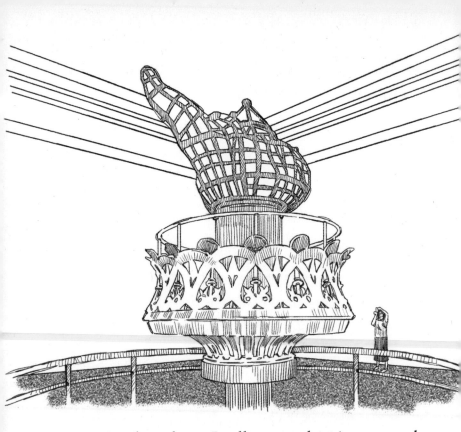

caparazón de cobre. ¡La llama se bañó en oro de dieciocho quilates! Durante el día, la luz del sol se refleja en esta capa dorada y, en la noche, se ilumina la antorcha con focos que hacen ver la llama como si estuviese ardiendo con intensidad. Es exactamente lo que Bartholdi había querido.

Las restauración tomó dos años y medio y concluyó justo a tiempo para el fin de semana del 4 de julio de 1986. ¡La Estatua de la Libertad cumplía cien años! En Nueva York, se llevó a cabo una inmensa celebración denominada "el fin de semana de la libertad". Unas treinta mil embarcaciones pequeñas y barcos más grandes llenaron la bahía de Nueva York. En las calles de la ciudad se realizó una inmensa feria y también hubo espectáculos con gimnastas, bandas, globos y cantantes famosos.

Whitney
Houston

La noche del 4 de julio, el presidente Ronald Reagan, acompañado por la primera dama, Nancy Reagan, presionó un botón que activó unos rayos láser de colores que iluminaron la estatua. Muchos focos se fueron encendiendo alrededor de la Dama de la Libertad, bañándola de luz lentamente. Lo último que se iluminó fue su antorcha. El evento terminó con un impresionante y deslumbrante despliegue de vibrantes fuegos artificiales de color rojo, blanco y azul. El futuro de la estatua lucía promisorio.

Apenas quince años después, ocurrió algo terrible. El 11 de septiembre de 2001, dos aviones atacaron las Torres Gemelas. Estos dos gigantescos edificios estaban ubicados en el sur de Manhattan, al otro lado de la bahía, frente a la Estatua de la Libertad. Las torres se desplomaron y murieron casi tres mil personas. El acto terrorista fue realizado por un grupo llamado Al Qaeda, el cual considera a Estados Unidos como su enemigo. Fueron momentos terribles para toda la nación.

Había preocupación de que el próximo objetivo de estos terroristas fuese la famosa Estatua de la Libertad. ¿Qué pasaría si alguien, haciéndose pasar por un turista, entrase y activase una bomba? Para evitarlo, se cerró la isla de la Libertad temporalmente.

A pesar de ello, la Estatua de la Libertad siguió en la bahía de Nueva York, sujetando su antorcha en alto y dándoles esperanza a muchos estadounidenses entristecidos. Durante esta horrible crisis, la Dama de la Libertad se mantuvo en pie y se abrió nuevamente a los visitantes en 2009.

Los franceses crearon la estatua para honrar el gobierno sólido y democrático de Estados Unidos. Al igual que la bandera estadounidense, la estatua se convirtió en un símbolo de la nación. Promueve un mensaje de libertad para todos los habitantes del mundo. ¡Se levanta orgullosa, en defensa de la libertad!

¿Cuán grande es la Estatua de la Libertad?

Referencia	Medida
Altura combinada de la estatua, el pedestal y el cimiento	305' 1"
Desde la base de la estatua hasta la punta de la antorcha	151' 1"
Altura de la cabeza	17' 3"
Ancho de un ojo	2' 6"
Largo de la nariz	4' 6"
Ancho de la boca	3' 0"
Largo del brazo derecho	42' 0"
Largo de la mano	16' 5"
Largo del dedo índice	8' 0"
Largo de la placa	23' 7"
Grosor de la placa	2' 0"
Altura del pedestal	89' 0"
Peso del caparazón de cobre	31 toneladas

Línea cronológica de la Estatua de la Libertad

1865	Laboulaye y Bartholdi hablan de regalarle una estatua a Estados Unidos.
1871	Bartholdi viaja a Estados Unidos para promover la idea de la estatua.
1875	Bartholdi comienza a construir la estatua en París, Francia.
1876	Se exhibe la mano con la antorcha en la Exposición Centenaria de Filadelfia.
1877	Se elige a la Isla de Bedloe como la ubicación oficial de la estatua.
1880	Gustavo Eiffel diseña la armazón interna de la estatua.
1881	Se terminan de hacer las planchas de cobre y la armazón de apoyo.
1883	Fallece Laboulaye. Emma Lazarus escribe el poema "El nuevo Coloso".
1884	Se termina la construcción de la Estatua de la Libertad en París. Se inicia la construcción del pedestal en Estados Unidos.
1885	La estatua desarmada zarpa en un barco a Nueva York. Pulitzer recauda más de 100,000 dólares para terminar el pedestal.
1886	Se ensambla nuevamente la estatua en la Isla de Bedloe. La estatua se inaugura oficialmente el 28 de octubre.
1892	La isla Ellis comienza a operar.
1956	La isla de Bedloe pasa a llamarse isla de la Libertad.
1984	Se inician dos años de reparaciones de la estatua.
1986	Los estadounidenses celebran el primer centenario de la Estatua de la Libertad.

Línea cronológica del mundo

Finaliza la Guerra Civil de EE. UU. —	**1865**
Asesinan al presidente Lincoln.	
Se publica *Alicia en el país de las maravillas*, de Lewis Carroll.	
Nace la química Marie Curie. —	**1867**
Alfred Nobel inventa la dinamita.	
Se inaugura el Canal de Suez. —	**1869**
El circo P.T. Barnum debuta en Brooklyn. —	**1871**
Yellowstone se convierte en el primer — parque nacional de EE. UU.	**1872**
El volcán Vesubio hace erupción en Italia.	
Nace en Hungría el mago Harry Houdini. —	**1874**
Alexander Graham Bell inventa el teléfono. —	**1876**
Mark Twain publica *Las aventuras de Tom Sawyer*.	
Asesinan a Wild Bill Hickok en Deadwood, Dakota del Sur.	
Nace Albert Einstein. —	**1879**
Nace Hellen Keller. —	**1880**
Nace Pablo Picasso. —	**1881**
Termina la construcción del puente de Brooklyn. —	**1883**
Luis Pasteur desarrolla una vacuna contra la rabia. —	**1885**
Annie Oakley se une al Wild West Show de Buffalo Bill.	
Se inventa el baloncesto. —	**1891**
Cae la Bolsa de Valores de Nueva York, sumiendo al país — en la Gran Depresión.	**1929**
Estados Unidos celebra su bicentenario el 4 de Julio. —	**1976**

FRANK LESLIE'S ILLUSTRATED NEWSPAPER

No. 1,551.—Vol. LX.] NEW YORK—FOR THE WEEK ENDING JUNE 13, 1885. [Price, 10 Cents.

1. OFFICIAL PRESENTATION OF THE STATUE OF "LIBERTY ENLIGHTENING THE WORLD," PARIS, JULY 4TH, 1884.   2. M. FREDERIC-AUGUSTE BARTHOLDI.   3. SECTIONAL VIEW OF STATUE, SHOWING IRON CORE AND BRACES.— SEE PAGE 271.

FRANCE—AMERICA.—THE GIFT OF THE FRENCH REPUBLIC TO THE UNITED STATES.

Cobertura de la inauguración oficial de la estatua en un periódico

Frédéric–Auguste Bartholdi

Pintura del diseño original de Bartholdi para la estatua

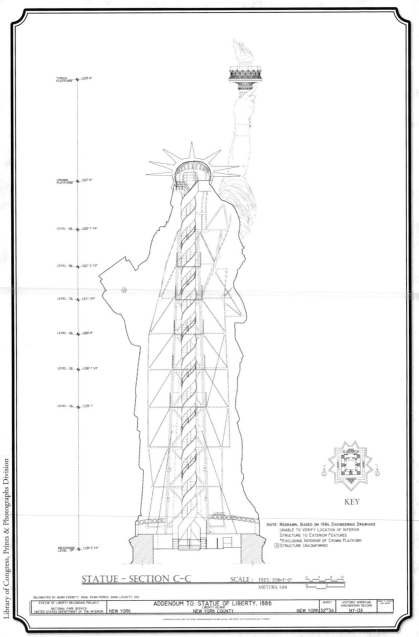

KEY

NOTE: REDRAWN, BASED ON 1984 ENGINEERING DRAWINGS
UNABLE TO VERIFY LOCATION OF INTERIOR
STRUCTURE TO EXTERIOR FEATURES
*EXCLUDING INTERIOR OF CROWN PLATFORM
(A) STRUCTURE UNCONFIRMED

TORCH
PLATFORM +278'-9"

CROWN
PLATFORM +267'-8"

LEVEL - 98 +232'-7 1/4"

LEVEL - 88 +221'-2 1/2"

LEVEL - 78 +211'-3/4"

LEVEL - 58 +200'-6"

LEVEL - 58 +188'-7 1/4"

LEVEL - 48 +178'-1"

MEZZANINE
LEVEL 7F +134'-5 1/4"

STATUE - SECTION C-C   SCALE : FEET: 3/16"=1'-0"
                                    METERS: 1:64

DELINEATED BY: ADAM EVERETT, 2008, RYAN PIERCE, DANA LOCKETT, 2011

STATUE OF LIBERTY RECORDING PROJECT
NATIONAL PARK SERVICE
UNITED STATES DEPARTMENT OF THE INTERIOR   NEW YORK

ADDENDUM TO: STATUE OF LIBERTY, 1886
LIBERTY ISLAND
NEW YORK COUNTY   NEW YORK

SHEET
32 OF 36

HISTORIC AMERICAN
ENGINEERING RECORD
NY-138

Dibujo de un corte transversal de la parte trasera de la estatua

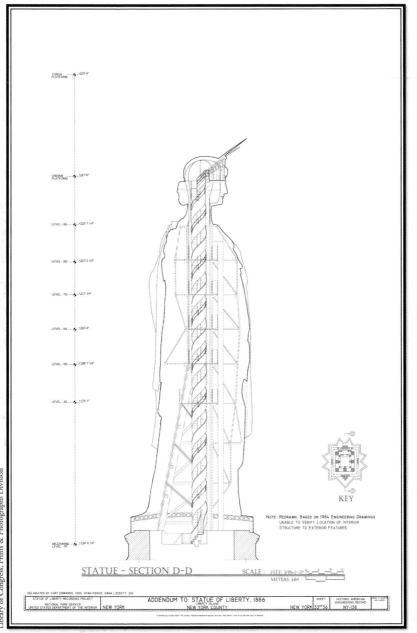

TORCH PLATFORM — ±277'-9"

CROWN PLATFORM — ±247'-6"

LEVEL - 9S — ±237'-7 1/4"

LEVEL - 8S — ±221'-2 1/2"

LEVEL - 7S — ±211'-3/4"

LEVEL - 6S — ±207'-4"

LEVEL - 5S — ±189'-7 1/4"

LEVEL - 4S — ±178'-1"

MEZZANINE LEVEL - 7F — ±134'-5 1/4"

NOTE: REDRAWN, BASED ON 1984 ENGINEERING DRAWINGS
UNABLE TO VERIFY LOCATION OF INTERIOR
STRUCTURE TO EXTERIOR FEATURES

KEY

STATUE - SECTION D-D

SCALE : FEET: 3/16"=1'-0"
METERS: 1:64

DELINEATED BY: CORY EDWARDS, 2006, RYAN PIERCE, DANA LOCKETT, 2011

STATUE OF LIBERTY RECORDING PROJECT		ADDENDUM TO: STATUE OF LIBERTY, 1886		SHEET	HISTORIC AMERICAN ENGINEERING RECORD	
NATIONAL PARK SERVICE		LIBERTY ISLAND				
UNITED STATES DEPARTMENT OF THE INTERIOR	NEW YORK	NEW YORK COUNTY	NEW YORK	33 OF 36	NY-138	

Dibujo de un corte transversal de un costado de la estatua

La cara de la estatua recién sacada
del cajón de embalaje

Ascensor en la planta baja
de la estatua

Bartholdi y sus obreros construyendo, con yeso y madera,
el modelo definitivo de la mano izquierda de la estatua

Courtesy National Park Service

La estructura de apoyo
de la estatua, hecha por
Gustavo Eiffel

Courtesy National Park Service

Piezas de la estatua al momento de ser preparadas para su ensamblaje
en la isla de Bedloe, en 1885

Obreros construyendo la estatua en el taller de Bartholdi, en París

Escalera de caracol
en la base de la estatua

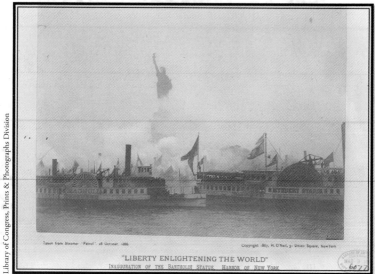

Taken from Steamer "Patrol", 28 October, 1886.   Copyright 1887, H. O'Neil, 31 Union Square, New York

"LIBERTY ENLIGHTENING THE WORLD"
INAUGURATION OF THE BARTHOLDI STATUE, HARBOR OF NEW YORK

Fotografía del saludo militar y naval al presidente Grover
Cleveland a su llegada a la isla de la Libertad
para la inauguración de la estatua

Ilustración de la celebración conmemorativa de 1886

Ilustración de un periódico de la multitud que observa la llegada de los barcos que transportan las piezas de la estatua

La cabeza de la estatua exhibida en un parque de París

Niños británicos que durante la Segunda Guerra Mundial fueron enviados a Estados Unidos saludan a la estatua mientras su barco entra a la bahía de Nueva York.

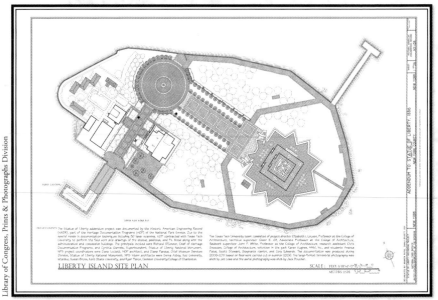

Plano de la isla de la Libertad

You are invited to be present on the occasion of the
inauguration by the President of the United States,
of the Statue of Liberty Enlightening the World,
on Bedloe's Island, New York Harbor,
on Thursday, October 28th 1886.

On behalf of
The American Committee

William M. Evarts, — Chairman.
Richard Butler, — Secretary.
Henry F. Spaulding, — Treasurer.
Joseph W. Drexel, — Parke Godwin,
James W. Pinchot, — V. Mumford Moore,
Frederic A. Potts.

John M. Schofield,
Major-General U.S. Army
Commanding
Division of the Atlantic.

Invitación a la inauguración de la estatua

Visitantes subiendo a la plataforma
de observación ubicada dentro
de la cabeza de la estatua

Vista de la ciudad de Nueva York desde el interior de la corona

La estatua cubierta con un andamiaje durante su restauración, entre 1984 y 1986

Fotografía de la antorcha y de la mano, tomada en 1984

La Estatua de la Libertad